Kurzgeschichten auf Deutsch für Anfänger

Daria Galek

Cover-Design: Daria Galek

Inhaltsverzeichnis

Einführung

Willkommen im Buch "Geschichten auf Deutsch für Anfänger". Diese einzigartige Sammlung enthält 40 sorgfältig ausgewählte Geschichten, um Ihnen beim Deutschlernen zu helfen. Nach jeder Geschichte finden Sie Übungen mit Antworten, um das Gelernte zu festigen.

Die Geschichten in diesem Buch variieren in Themen und Schwierigkeitsgraden, sind jedoch alle auf das Anfänger-Niveau abgestimmt. Sie finden alltägliche Geschichten sowie spannendere Abenteuer. Jede Geschichte soll Ihr Englisch auf eine angenehme und unterhaltsame Weise weiterentwickeln.

Die Übungen, die jede Geschichte begleiten, sind darauf ausgelegt, Ihr Verständnis des Textes zu testen und Ihnen zu helfen, neue Wörter und grammatikalische Strukturen zu lernen. Dank dieser Übungen werden Sie Ihre Sprachkenntnisse systematisch weiterentwickeln können.

Ich hoffe, dass dieses Buch für Sie nicht nur ein Lernwerkzeug, sondern auch eine Quelle der Freude und Zufriedenheit beim Entdecken einer neuen Sprache wird.

Viel Erfolg und viel Spaß beim Lesen!

Tipps zum Lesen von Geschichten auf Deutsch

Das Lesen von Geschichten auf Deutsch kann sowohl erfreulich als auch sehr effektiv beim Erlernen einer neuen Sprache sein. Um den vollen Nutzen aus den Geschichten in diesem Buch zu ziehen, ist es hilfreich, einige einfache, aber effektive Strategien anzuwenden. Hier sind einige Tipps, die Ihnen helfen könnten:

1. **Laut lesen**: Laut lesen hilft, die Aussprache und Flüssigkeit zu verbessern. Sie hören, wie Wörter und Sätze klingen, was beim Erlernen einer Fremdsprache äußerst hilfreich ist.

2. **Haben Sie keine Angst vor Fehlern**: Das Erlernen einer neuen Sprache ist ein Prozess, bei dem Fehler natürlich und unvermeidlich sind. Jeder Fehler ist eine Gelegenheit zu lernen und sich zu verbessern.

3. **Konzentrieren Sie sich auf das Verständnis des Gesamtbedeutung**: Zunächst müssen Sie nicht jedes Wort verstehen. Konzentrieren Sie sich darauf, die allgemeine Bedeutung der Geschichte zu erfassen. Mit der Zeit werden Sie mehr Details verstehen.

4. **Verwenden Sie ein Wörterbuch**: Wenn Sie auf schwierige Wörter stoßen, verwenden Sie ein Wörterbuch, um deren Bedeutung nachzuschlagen. Dies hilft Ihnen, Ihren Wortschatz effektiv zu erweitern.

5. Notizen machen: Schreiben Sie neue Wörter und Phrasen auf, die Sie beim Lesen begegnen. So können Sie diese später wiederholen und Ihr Wissen festigen.

6. Lösen Sie die Übungen nach jeder Geschichte: Übungen sind ein wesentlicher Bestandteil des Lernens. Bearbeiten Sie sie sorgfältig, um Ihr Verständnis des Textes zu überprüfen und neues Vokabular sowie grammatikalische Strukturen zu festigen.

7. Regelmäßig lesen: Regelmäßigkeit ist der Schlüssel zum Erfolg beim Sprachenlernen. Versuchen Sie, jeden Tag zu lesen, auch wenn es nur ein paar Minuten sind. Regelmäßiges Lesen hilft Ihnen, Ihre Sprachfähigkeiten allmählich zu entwickeln.

8. Wiederlesen: Scheuen Sie sich nicht, zu bereits gelesenen Geschichten zurückzukehren. Das Wiederlesen hilft Ihnen, den Text besser zu verstehen und neue Wörter sowie grammatikalische Strukturen zu festigen.

9. Kontext nutzen: Wenn Sie auf ein schwieriges Wort stoßen, versuchen Sie, dessen Bedeutung anhand des Kontextes zu erraten. Dies ist eine Fähigkeit, die beim Sprachenlernen sehr nützlich sein wird.

10. Geduldig sein: Das Erlernen einer Sprache ist ein Prozess, der Zeit braucht. Seien Sie geduldig und konsequent, und Sie werden definitiv Fortschritte sehen.

Denken Sie daran, dass das Erlernen einer Sprache nicht nur darum geht, Wissen zu erwerben, sondern auch die

Entdeckung einer neuen Kultur und Ausdrucksweisen zu genießen.

Kapitel 1. Ein Tag in der Schule

Emma wachte wie jeden Morgen früh auf. Sie zog sich schnell an und ging ins Esszimmer, um zu frühstücken. Ihre Mutter hatte bereits Toast mit Marmelade und ein Glas warme Milch vorbereitet.

"Beeil dich, Emma! Du willst doch nicht schon wieder zu spät zur Schule kommen", sagte ihre Mutter, während sie die Teller abräumte.

Emma nickte und packte ihre Bücher in den Rucksack. Sie verließ das Haus und lief ein paar Blocks bis zur Schule. Auf dem Schulhof spielten einige ihrer Freunde bereits.

Die Glocke läutete und alle Kinder stellten sich in einer Reihe auf, um ins Gebäude zu gehen. Die erste Stunde war Mathematik. Emma passte gut auf, während die Lehrerin das Addieren und Subtrahieren an der Tafel erklärte.

Danach hatten sie eine Stunde Pause. Emma und ihre Freundinnen spielten Hüpfekästchen und aßen einen kleinen Snack.

Die nächsten Stunden waren Lesen und Naturwissenschaften. Emma liebte es, über Tiere und Pflanzen zu lernen.

Als die Schulglocke zum Schlussläuten ertönte, sammelte Emma ihre Sachen ein und ging zur Haupttür. Ihre Mutter wartete schon auf sie, um gemeinsam nach Hause zu laufen.

Kapitel 2. Ein Spaziergang im Park

Olivia und ihre Mutter verließen das Haus und gingen in den nahegelegenen Park. Es war ein sonniger und heißer Tag. Der Park war voller Menschen, die das schöne Wetter genossen.

Sie sahen kleine Kinder auf den Schaukeln spielen und über das grüne, weiche Gras rennen. Vögel sangen fröhliche Lieder in den Zweigen der hohen Bäume. Bunte Blumen schmückten die Wege im Park.

Die Mutter zeigte auf ein Eichhörnchen, das den rauen Stamm einer großen Eiche hinaufkletterte. "Schau dir das Eichhörnchen an, Olivia!", sagte sie mit einem Lächeln. Olivia beobachtete mit großen Augen das kleine Tier, das sich geschickt bewegte.

Sie gingen weiter und kamen zu einem Brunnen mit klarem Wasser. Olivia nahm ein paar Münzen aus ihrer Tasche und warf sie ins Wasser, schloss die Augen und wünschte sich etwas. Danach erkundeten sie die Ecken des Parks weiter.

Sie sahen Schmetterlinge, die von Blume zu Blume flatterten und den süßen Nektar tranken. Der Duft der Frühlingsblumen erfüllte die frische Luft. In der Krone eines dichten Baumes entdeckten sie ein Vogelnest zwischen den Zweigen. Die Mutter erklärte Olivia leise, dass sie still gehen sollten, um die Vögel nicht zu erschrecken. Olivia nickte und war fasziniert von der natürlichen Schönheit um sie herum.

Kapitel 3. Einkaufen im Supermarkt

Wilhelm musste ein paar Sachen für seine neue Wohnung kaufen. Er ging in den Supermarkt in der Nähe seines Hauses.

Als er hineinging, nahm er sich einen Einkaufswagen. Zuerst ging er in die Obst- und Gemüseabteilung. Er sah viele frische Optionen. Er wählte ein paar rote Äpfel, gelbe Bananen und orange Karotten aus. Diese legte er in den Wagen.

Dann ging er zur Fleischabteilung. Er sah Hähnchen, Rindfleisch und Würstchen. Er entschied sich, etwas Hähnchen und ein paar Würstchen mitzunehmen, um einfache Mahlzeiten zuzubereiten. Diese legte er in den Wagen.

Danach ging er in die Milchprodukteabteilung. Er nahm einen Karton Milch, ein Paket Käse und einen Erdbeerjoghurt. Er setzte seinen Weg durch den Supermarkt fort.

In der Backwarenabteilung sah er frisch gebackenes Brot. Er wählte ein Vollkornbrot und ein paar süße Brötchen aus. Diese legte er vorsichtig in den Wagen.

Als er alles eingekauft hatte, was er brauchte, ging er zu den Kassen. Es gab eine lange Schlange, aber sie bewegte sich schnell vorwärts. Als er an der Reihe war, legte er alle Artikel auf das Förderband.

Die Kassiererin scannte jedes Produkt. Wilhelm bezahlte mit seiner Debitkarte. Die Kassiererin übergab ihm die Taschen mit seinen Einkäufen. Wilhelm verließ den Supermarkt zufrieden, dass er erfolgreich eingekauft hatte.

Kapitel 4. Leons Familie

Leon hat eine kleine, aber glückliche Familie. In seinem Haus leben sein Vater Noah, seine Mutter Ava, seine Schwester Sophie und seine Oma Emilia.

Noah ist groß und hat kurzes, schwarzes Haar. Er ist ein fleißiger und verantwortungsbewusster Mann. Neben dem Kochen mag er es, Dinge im Haus zu reparieren. Er ist immer bereit, anderen zu helfen. In seiner Freizeit schaut er gerne Fußballspiele im Fernsehen.

Ava ist freundlich und liebevoll und immer bereit, ihren Kindern zuzuhören. Neben ihrer Arbeit als Lehrerin ist sie eine ausgezeichnete Köchin und bereitet oft leckere Rezepte für die Familie zu. Sie mag es, Pflanzen im Garten zu züchten und ihren Kindern etwas über die Natur beizubringen.

Sophie ist ein sehr energisches und neugieriges Mädchen. Sie ist immer bereit, neue Dinge zu erkunden und zu entdecken. Sie liebt es zu zeichnen und Bastelarbeiten zu machen. Sie ist sehr kreativ und ihre Eltern sind immer wieder überrascht von ihren innovativen Ideen.

Emilia ist das Herz der Familie. Sie hat immer ein Lächeln im Gesicht und einen weisen Rat parat. Neben dem Backen von Keksen liebt sie es zu stricken und zu häkeln. Ihre Enkelkinder hören gerne ihre Geschichten über vergangene Zeiten und lernen aus ihrer Erfahrung.

Zusammen bilden sie ein starkes und eng verbundenes Team, das den Herausforderungen des Lebens begegnet und die Freuden des Lebens feiert.

Kapitel 5. Jonas' Geburtstag

Jonas ist sehr aufgeregt, weil heute sein Geburtstag ist. Er wird sieben Jahre alt und möchte das mit seinen Schulfreunden feiern. Seit letzter Woche erzählt er allen seinen Mitschülern, dass er eine große Geburtstagsfeier zu Hause veranstalten wird.

Jonass Mutter hat alles für die Feier vorbereitet. Sie kaufte einen großen Schokoladenkuchen mit Zuckerguss und Kerzen, bunte Luftballons und Partyhüte. Jonas half dabei, das Wohnzimmer mit Girlanden und "Alles Gute zum Geburtstag"-Schildern zu dekorieren.

Als die Gäste ankamen, begrüßte Jonas sie mit einem großen Lächeln. Alle brachten Geschenke in glänzendem Papier mit. Sie spielten Verstecken und veranstalteten Sackhüpfen. Der Clown machte lustige Tricks und Tierballons, um sie zu unterhalten.

Danach sangen alle "Zum Geburtstag viel Glück", während Jonas die Kerzen auf dem Kuchen ausblies. Er wünschte sich etwas, bevor er die Kerzen ausblies. Dann verteilten sie Kuchenstücke an alle Kinder. Jeder der Gäste genoss sein Stück Kuchen mit großem Enthusiasmus.

Am Ende bedankte sich Jonas bei allen fürs Kommen und dafür, dass sie seinen Tag so besonders gemacht haben. Er war sehr glücklich, so tolle Freunde zu haben.

Kapitel 6. Ein Tag am Strand

Mia wachte früh an diesem Morgen auf, aufgeregt darüber, einen Tag am Strand mit ihrer Familie zu verbringen. Nach dem Frühstück packte sie einen Rucksack mit Handtüchern, Sonnencreme und einigen Strandspielzeugen.

Als sie ankamen, schien die Sonne hell und der Sand war sehr heiß. Mia und ihr kleiner Bruder Paul rannten lachend und planschend ins Wasser. Ihre Eltern breiteten die Strandtücher aus und stellten einen großen Sonnenschirm auf, um Schatten zu spenden.

"Komm, Mia!" rief Paul aus dem Wasser. "Es ist super angenehm!"

Mia gesellte sich zu ihrem Bruder und sie spielten fangen und vergruben sich im Sand. Paul baute eine kleine Sandburg und Mia schmückte sie mit Muscheln, die sie gefunden hatte.

Nach einer Weile rief ihr Papa sie zum Essen. Er holte Sandwiches, Obst und Getränke aus einer Kühlbox. Mia probierte leckere Oliven und Schinken.

"Schmeckt dir das Essen, Mia?" fragte ihr Papa lächelnd.

"Ja, ich liebe es!" antwortete Mia begeistert.

Den Nachmittag verbrachten sie mit Sonnenbaden, Geschichten lesen und Spaziergängen am Strand. Mia sammelte viele schöne Muscheln als Andenken. Bei Sonnenuntergang packten sie ihre Sachen und fuhren nach

Hause, müde aber glücklich nach einem schönen Tag am Strand.

Kapitel 7. Am Bahnhof

Amelie und ihre Familie werden mit dem Zug fahren, um ihre Großeltern zu besuchen. Amelie wacht früh auf und zieht bequeme Kleidung an, Hosen und ein leichtes T-Shirt.

Als sie am Bahnhof ankommen, laufen viele Menschen mit Koffern und Gepäck hin und her. Amelie schaut sich aufgeregt um und beobachtet die großen Uhren, die die Ankunfts- und Abfahrtszeiten der Züge anzeigen.

Ihr Papa geht zum Schalter, um die Tickets zu kaufen. Eine freundliche Dame in blauer Uniform lächelt ihnen zu und hilft ihnen, die passenden Sitze auszuwählen.

Nachdem sie die Tickets gekauft haben, geht die Familie zum Bahnsteig, wo sie auf ihren Zug warten werden. Amelie und ihr kleiner Bruder Daniel vertreiben sich die Zeit damit, die Waggons des abgestellten Zuges zu zählen. "Eins, zwei, drei, vier..." zählen sie laut, lachend, wenn sie durcheinanderkommen.

Ihre Mama kauft ihnen Süßigkeiten am Stand im Bahnhof. Amelie wählt Schokoladenkekse, während Daniel gezuckerte Gummibärchen bevorzugt. Sie essen ihre Süßigkeiten, während sie warten und genießen die süßen Leckerbissen.

Plötzlich hören sie ein lautes Pfeifen und der Zug beginnt langsam auf den Bahnsteig zuzufahren. "Da kommt er!" ruft Amelie und springt vor Aufregung. Die Familie steht auf, bereit, einzusteigen und ihre aufregende Zugreise zu beginnen.

Kapitel 8. Mein Haustier

Mein Haustier heißt Fritz. Er ist ein sehr kleiner und sehr hübscher Hund. Er hat kurzes, dunkelbraunes Fell und große, schwarze Augen, die sehr glänzen.

Fritz liebt es zu spielen und zu rennen. Wenn ich nach der Schule nach Hause komme, begrüßt er mich immer sehr freudig, indem er mit dem Schwanz wedelt. Er jagt gerne einen roten Ball durch den ganzen Park und bringt ihn zurück, damit ich ihn wieder werfen kann.

Fritzs Lieblingsspielzeug ist ein roter Plastik-Knochen. Er nimmt ihn mit dem Maul und trägt ihn durchs ganze Haus. Es ist sehr lustig, ihn mit dem Knochen rennen zu sehen und zu schütteln, damit er Geräusche macht. Manchmal versteckt er ihn sogar unter den Möbeln.

Nach dem vielen Spielen ruht sich Fritz gerne aus. Er kuschelt sich in sein Bettchen und schläft sofort ein. Manchmal schnarcht er ein wenig und bewegt seine Pfoten, als ob er davon träumen würde, etwas zu jagen.

Ich verbringe sehr gerne Zeit mit Fritz. Er ist mein bester Freund und ist immer bei mir, um mir Zuneigung zu geben. Ich kann mir mein Leben ohne meinen kleinen vierbeinigen Begleiter nicht vorstellen.

Kapitel 8: Mein Haus

Kapitel 9. Ein Regentag

Heute ist ein Regentag. Draußen fallen die Tropfen vom Himmel und der Boden ist nass. Wir können nicht draußen spielen, aber das bedeutet nicht, dass wir drinnen keinen Spaß haben können.

Mama wollte, dass uns nicht langweilig wird, also holte sie mehrere Bücher und Brettspiele aus dem Regal und legte sie auf den Tisch im Wohnzimmer. Sie sagte, wir könnten etwas auswählen, das uns gefällt, und die Zeit mit Lesen oder Spielen verbringen, während wir dem Regen auf dem Dach lauschen.

Ich wähle ein Märchenbuch und setze mich mit einer Decke auf das Sofa. Ich öffne das Buch und tauche in die magischen Geschichten von Prinzessinnen und Drachen ein.

Meine Schwester Hannah spielt lieber Brettspiele. Wir holen das Schachspiel heraus und setzen uns vor das Brett. Sie bewegt ihre Figuren sorgfältig und denkt über jeden Zug nach. Manchmal gewinnt sie, aber ich habe viel Spaß beim Spielen mit ihr.

Währenddessen ist Mama in der Küche und bereitet etwas Leckeres zum Mittagessen zu. Der Duft von heißer Suppe breitet sich im ganzen Haus aus und lässt uns glücklich fühlen.

So verbringen wir unseren Regentag, zwischen Büchern, Spielen und köstlichem Essen. Obwohl wir nicht nach draußen können, sind wir glücklich, zusammen zu sein und die Zeit mit der Familie zu genießen.

Kapitel 10. Das Abendessen zu Hause

Eines Abends bereitete Eliass Mama das Abendessen vor und Elias beschloss, ihr zu helfen. Er war sehr aufgeregt, weil er es liebt, in der Küche zu sein.

Seine Mama entschied, dass sie einen großen Salat, Ofenhähnchen und Reis mit Gemüse machen würden. Zuerst gingen sie zum Supermarkt, um die Zutaten zu kaufen. Sie kauften Salat, Tomaten, Karotten und Gurken für den Salat. Außerdem kauften sie ein frisches Hähnchen und etwas Gemüse für den Reis.

Als sie nach Hause kamen, begannen sie mit der Zubereitung des Abendessens. Elias wusch das Gemüse und schnitt es vorsichtig. Sein Papa würzte das Hähnchen mit Salz, Pfeffer und etwas Zitrone. Dann schob er das Hähnchen in den Ofen.

Mama kochte den Reis in einem großen Topf und fügte das geschnittene Gemüse hinzu. Das ganze Haus duftete köstlich, während das Essen kochte.

Nach einer Stunde war das Abendessen fertig. Die Familie deckte den Tisch mit Tellern, Gläsern und Besteck. Elias half, den Salat und den Reis zu servieren. Papa holte das Hähnchen aus dem Ofen und schnitt es in Portionen.

Die ganze Familie setzte sich an den Tisch und begann zu essen. "Das schmeckt aber lecker!" sagte Elias mit einem

Lächeln. Alle waren sich einig und genossen das Essen gemeinsam.

Kapitel 11. Besuch im Zoo

An einem heißen Sonntagmorgen beschlossen Finn und sein Freund Jakob, den Zoo in Berliner zu besuchen. Finn war sehr aufgeregt, weil er noch nie zuvor in einem Zoo gewesen war.

Als sie ankamen, kauften sie die Eintrittskarten und gingen schnell hinein. Das Erste, was sie sahen, waren die Löwen, die unter der Sonne ruhten.

"Schau mal, wie groß diese Löwen sind!" rief Finn mit weit aufgerissenen Augen.

Dann gingen sie zum Elefantenbereich. Die riesigen grauen Elefanten badeten in einem Teich.

"Sie sehen aus wie wandelnde Häuser!" lachte Jakob, als er ihre langsamen und schweren Bewegungen beobachtete.

Danach besuchten sie das Affengehege. Die frechen Tiere sprangen von Ast zu Ast und machten lustige Geräusche.

"Sie sehen aus wie Kinder, die in einem Park spielen," bemerkte Finn.

Später gingen sie in die Vogelvoliere, wo sie bunte Vögel frei fliegen sahen. Finn beobachtete fasziniert die Papageien mit ihren leuchtenden Federn. Jakob sagte, sie sähen aus wie kleine fliegende Regenbögen.

Zur Mittagszeit aßen sie die Sandwiches, die sie vorbereitet hatten, und saßen in einem Picknickbereich. Sie sprachen aufgeregt über all die faszinierenden Tiere, die sie bis dahin gesehen hatten.

Kapitel 12. Ein Tag in den Bergen

An einem wunderschönen Tag beschlossen Luis und seine Familie, einen Ausflug in die Berge zu machen. Sie waren begeistert, die Natur zu erkunden und die frische Luft zu genießen.

"Los geht's, los geht's! Ich will nichts verpassen", sagte Luis, während er seinen Rucksack packte.

Sie brachen früh auf und nahmen Essen und Wasser in ihren Rucksäcken mit. Luis vergaß seine Kamera nicht, um die Landschaften während der Reise festzuhalten.

Während sie den Pfad entlang gingen, sammelte Luis einige Wildblumen und bewunderte das Zwitschern der Vögel.

Nach einer Weile fanden sie den perfekten Ort für ein Picknick. Sie setzten sich zusammen und genossen die Aussicht auf die majestätischen Berge, während sie ihr Essen teilten.

Nach dem Picknick setzten sie ihren Weg fort und bestaunten die Schönheit der Natur, die sie umgab.

Schließlich erreichten sie den Gipfel eines Berges und machten eine Pause. Luis holte seine Kamera heraus und hielt die beeindruckende Aussicht fest.

"Papa, Mama, schaut mal, was für eine unglaubliche Aussicht!" rief Luis begeistert.

"Ja, Sohn, sie ist wirklich wunderschön", antwortete sein Vater mit einem Lächeln.

Sie blieben noch eine Weile und genossen die Landschaft, bevor sie ihren Abstieg begannen. Sie waren dankbar für den wunderbaren Tag mit der Familie.

Kapitel 13. Mein Bester Freund

Mein bester Freund heißt Alexander. Wir haben uns in der Schule kennengelernt und sind seitdem unzertrennlich. Alexander ist groß, hat braunes Haar und trägt immer ein Lächeln im Gesicht.

Alexander liebt es, Fußball zu spielen, und ich auch, also verbringen wir viele Nachmittage damit, im Park in der Nähe unseres Hauses zu trainieren. Wir haben viel Spaß dabei, dem Ball hinterher zu rennen und Tore zu schießen.

Wenn wir nicht Fußball spielen, erkunden wir gerne die Nachbarschaft auf der Suche nach Abenteuern. Oft fahren wir mit unseren Fahrrädern auf den Wegen im nahegelegenen Wald oder gehen einfach durch die Straßen der Stadt und entdecken zusammen neue Orte.

Neben unseren Abenteuern lieben Alexander und ich es, mit Bauklötzen Dinge zu bauen. Wir verbringen Stunden damit, Burgen, Städte und Raumschiffe zu erschaffen und lassen unserer Fantasie freien Lauf.

Was ich an Alexander am meisten schätze, ist, dass er immer für mich da ist, in guten wie in schlechten Zeiten. Wir können immer aufeinander zählen, und das macht unsere Freundschaft so besonders.

Kapitel 14. Die Nachbarschaftsparty

Gestern Abend fand eine sehr lustige Party statt. Alle Nachbarn kamen zusammen, um gemeinsam zu feiern. Es gab viel Musik, leckeres Essen und Tanzen.

Die Party begann bei Einbruch der Dämmerung, als die Leute im Park eintrafen. Alle waren begeistert, eine gute Zeit zusammen zu verbringen.

Die Kinder spielten und lachten, während die Erwachsenen plauderten und Geschichten austauschten. Bald war das Essen fertig, und alle stellten sich in eine Schlange, um sich zu bedienen.

"Magst du Maultaschen, Felix? Die sind meine Spezialität", sagte Lina und bot ihrem Nachbarn eine an.

"Natürlich! Danke, Lina! Es riecht köstlich", antwortete Felix, nahm eine Maultasche und genoss sie.

Nach dem Essen wurde die Musik lauter, und alle begannen zu tanzen. Es bildeten sich Tanzkreise, und die Leute bewegten sich im Takt der Musik.

"Komm schon, Lina! Tanz mit mir!", rief Felix und streckte seiner Nachbarin die Hand entgegen.

"Klar, Felix! Das würde ich gerne!", antwortete Lina, nahm seine Hand und schloss sich dem Tanz an.

Die Party dauerte bis spät in die Nacht, und wir hatten alle viel Spaß. Es war eine wunderbare Gelegenheit, als Gemeinschaft zusammenzukommen und die Freundschaft unter den Nachbarn zu feiern.

Kapitel 15. Der Arztbesuch

Letzte Woche musste Thomas zum Arzt gehen, weil er sich nicht wohl fühlte. Er hatte Kopfschmerzen, Fieber und Husten. Sein Vater rief in der Arztpraxis an und bekam noch am selben Tag einen Termin.

Als sie in der Praxis ankamen, bat die Empfangsdame sie, im Wartezimmer Platz zu nehmen. Nach ein paar Minuten rief Doktor Becker sie auf. Thomas und sein Vater betraten das Sprechzimmer und setzten sich.

Doktor Becker fragte Thomas, welche Symptome er hatte. "Ich habe Kopfschmerzen, Fieber und starken Husten", erklärte Thomas.

Der Arzt nickte und nahm dann Thomas' Temperatur. "Du hast Fieber, aber es ist nicht sehr hoch", sagte der Doktor. Dann hörte er mit dem Stethoskop seinen Brustkorb ab. "Deine Lungen klingen gut, aber es scheint, als hättest du eine starke Erkältung."

Doktor Becker verschrieb Thomas einen Hustensaft und sagte ihm, er solle sich viel ausruhen und viel Wasser trinken. Er riet ihm auch, ein paar Tage zu Hause zu bleiben, um sich vollständig zu erholen.

Bevor sie gingen, gab der Arzt Thomas einen Lutscher, weil er ein guter Patient war. Thomas lächelte und bedankte sich.

Zuhause befolgte Thomas die Anweisungen des Arztes. Er ruhte sich aus, nahm seinen Hustensaft und fühlte sich bald besser. Er war dankbar, dass er zum Arzt gegangen war und die richtige Behandlung erhalten hatte.

Kapitel 16. Das Fußballspiel

Am Samstagnachmittag trafen sich Heinrich und seine Freunde im Park, um Fußball zu spielen.

Heinrich kam als Erster an und markierte das Spielfeld mit Steinen und Rucksäcken. Kurz darauf kamen seine Freunde Maximilian, Sebastian, Theo und Matthäus. Sie waren sehr aufgeregt und voller Energie.

"Lasst uns die Teams bilden!" sagte Heinrich begeistert.

Mit den aufgestellten Teams begannen sie zu spielen.

Gleich von Anfang an war das Spiel intensiv. Heinrich rannte schnell mit dem Ball und wich den Spielern der anderen Mannschaft geschickt aus. Als er sich dem Tor näherte, passte Maximilian ihm den Ball zu, und Heinrich schoss ihn mit voller Kraft ins Tor. Tor! Maximilians Team feierte voller Freude.

"Gut gemacht, Heinrich!" rief Maximilian und klopfte ihm auf den Rücken.

Sebastian und Theo spielten ebenfalls sehr gut und brachten das Spiel zum Ausgleich. Alle hatten großen Spaß am Spiel.

Die Zeit verging wie im Flug, und bald ging die Sonne unter. Sie beschlossen, dass das nächste Tor den Sieger bestimmen würde. Beide Teams spielten mit noch mehr Energie und Konzentration.

Schließlich schaffte es Heinrich, den Ball zu erobern, rannte zum gegnerischen Tor und erzielte mit einem guten Schuss das Siegertor. Sein Team hob ihn in die Luft und feierte seinen großartigen Spielzug.

"Wir haben gewonnen!" rief Matthäus mit einem riesigen Lächeln.

Nach dem Spiel setzten sich alle erschöpft, aber glücklich auf das Gras. Sie teilten Getränke und Snacks, lachten und erinnerten sich an die besten Momente des Spiels.

Kapitel 17. Mein Zimmer

Mein Zimmer ist mein Lieblingsplatz im Haus. Es ist klein, aber sehr gemütlich. Die Wände sind hellblau und es gibt ein großes Fenster, das viel natürliches Licht hereinlässt.

In der Mitte des Zimmers habe ich ein bequemes Bett mit einer bunten Decke. Neben dem Bett steht ein Nachttisch, auf dem immer ein Buch und eine Leselampe liegen.

Mein Schreibtisch steht neben dem Fenster. Hier mache ich meine Hausaufgaben und zeichne. Über dem Schreibtisch habe ich ein paar Regale mit Büchern, Notizbüchern und meinen Buntstiften.

Gegenüber dem Bett steht ein großer Kleiderschrank, in dem ich meine Kleidung und Schuhe aufbewahre. Außerdem habe ich ein kleines Regal, auf dem ich meine Lieblingsspielzeuge und Figuren platziere.

In einer Ecke des Zimmers habe ich einen bequemen Sessel, in dem ich lese oder Musik höre. An der Wand hängt eine Pinnwand, auf der ich Fotos und wichtige Notizen anbringe.

Was ich an meinem Zimmer am meisten mag, ist das Gefühl der Ruhe, das es mir gibt. Es ist mein Rückzugsort, wo ich lesen, lernen und träumen kann. Ich verbringe gerne Zeit dort, weil es ein Ort ist, an dem ich mich immer glücklich und entspannt fühle.

Kapitel 18. Eine Flugreise

Es war Annas erste Reise mit dem Flugzeug. Sie war aufgeregt, aber auch ein wenig nervös. Am Flughafen in Berlin herrschte ein großes Gedränge von Menschen, die kamen und gingen. Anna und ihre Mutter standen in der Schlange, um ihr Gepäck einzuchecken.

"Wie aufregend, nicht wahr, Liebling?" sagte ihre Mutter, während sie auf ihren Turn warteten. "Bald wirst du in Paris sein."

Als sie an der Reihe waren, überprüfte eine freundliche Flugbegleiterin in weißer Uniform ihre Tickets und Dokumente. Danach gingen sie zum Gate, wo das Flugzeug nach Paris bereitstand. Anna setzte sich ans Fenster und schnallte sich an. Sie schaute erwartungsvoll durch den kleinen Spalt nach draußen.

Nach ein paar Minuten des Wartens begann das Flugzeug, sich auf der Landebahn zu bewegen. Annas Herz klopfte heftig. Plötzlich gewann das Flugzeug an Geschwindigkeit und fast bevor sie es wusste, waren sie schon in der Luft.

"Schau dir diese unglaubliche Aussicht an!" rief Anna, als sie am Fenster gedrückt war.

Unter ihnen sahen die Häuser und Straßen winzig aus wie Spielzeugbausteine. Die Wolken waren weich und weiß. Anna fühlte sich wie ein Vogel, der durch den Himmel flog. Nach ein paar Stunden Flug landete das Flugzeug sanft am Flughafen in

Paris. Anna und ihre Mutter waren aufgeregt, ihr Abenteuer in Paris zu beginnen.

Kapitel 19. Mein Spanischunterricht

Mein Spanischkurs macht mir sehr viel Spaß. Unsere Lehrerin ist Frau Müller. Sie ist sehr freundlich und hilft uns immer, wenn wir Fragen haben.

In meiner Klasse sind zehn Schüler. Meine Freunde sind Emilie, Clara, Moritz und Lea. Emilie ist sehr gut in Grammatik. Clara nimmt immer aktiv am Unterricht teil und spricht gerne Spanisch. Moritz ist ein bisschen schüchtern, aber er liebt es, neue Vokabeln zu lernen. Lea ist sehr gut in der Aussprache.

Der Unterricht findet dienstags und donnerstags statt. Wir beginnen immer mit einem Spiel auf Spanisch. Danach bringt uns Frau Müller neue Wörter und Sätze bei. Manchmal schauen wir Videos auf Spanisch und üben Dialoge. Wir lesen auch kleine Geschichten und machen Übungen im Buch.

Ich mag meinen Spanischkurs sehr, weil ich lerne und gleichzeitig Spaß habe. Meine Klassenkameraden sind sehr freundlich und wir arbeiten immer zusammen. Am Ende des Unterrichts führen wir immer ein kleines Gespräch auf Spanisch, um das Gelernte zu üben.

Ich bin sehr froh, in diesem Kurs zu sein und mein Spanisch jeden Tag zu verbessern. Ich bin sicher, dass ich bald fließend Spanisch sprechen werde.

Kapitel 20. Die Bibliothek

Am Samstagmorgen ging Johann in die Bibliothek. Er liest sehr gerne und ist immer auf der Suche nach neuen Büchern.

Beim Betreten der Bibliothek begrüßte Johann die Bibliothekarin, Frau Schmidt. Sie ist immer sehr freundlich und hilft ihm, gute Bücher zu finden. Johann ging zwischen den Regalen entlang und schaute sich alle Titel an.

Zuerst ging er in die Abenteuerabteilung. Dort fand er ein Buch über Piraten, das seine Aufmerksamkeit erregte. Dann ging er in die Science-Fiction-Abteilung und sah ein Buch über Weltraumreisen. Johann wollte auch ein Buch über Tiere, also ging er in die Naturabteilung.

Nachdem er drei Bücher ausgewählt hatte, setzte sich Johann an einen Tisch. Er öffnete das Piratenbuch und begann zu lesen. Die Geschichte war sehr spannend und Johann konnte nicht aufhören zu lesen. Eine Stunde verging, und Johann entschied sich, die drei Bücher mit nach Hause zu nehmen.

Johann ging zur Theke und Frau Schmidt half ihm, die Bücher auszuleihen. "Viel Spaß beim Lesen, Johann", sagte sie mit einem Lächeln.

Johann verließ die Bibliothek sehr glücklich. Er konnte es kaum erwarten, nach Hause zu kommen und seine neuen Bücher weiterzulesen. Für ihn ist die Bibliothek ein magischer Ort, an dem er immer Abenteuer und Wissen findet.

Kapitel 21. Ein Nachmittag im Kino

Eines Nachmittags entschieden sich Lara und ihre Freunde, ins Kino zu gehen. Sie wollten einen neuen Film sehen, von dem alle sagten, dass er richtig gut sei. Sie trafen sich um fünf Uhr nachmittags am Kinoeingang.

Zuerst kauften sie die Tickets an der Kasse. Nachdem sie die Tickets gekauft hatten, gingen sie zum Snack-Shop.

Im Snack-Shop kauften sie Popcorn, Softdrinks und Süßigkeiten. Lara wählte eine Cola und eine große Tüte Popcorn. Ihre Freunde kauften auch Popcorn und verschiedene Arten von Süßigkeiten. Mit dem Essen in den Händen gingen sie in den Kinosaal.

Der Saal war dunkel und es waren viele Leute da. Sie suchten ihre Plätze und setzten sich gemütlich hin. Der Film begann und alle waren still und sehr gespannt auf die Leinwand.

Der Film war sehr spannend. Es gab viele Actionszenen und die Spezialeffekte waren beeindruckend. Lara und ihre Freunde aßen Popcorn, während sie den Film schauten. Alle waren sehr glücklich und genossen es sehr.

Nach zwei Stunden war der Film zu Ende. Lara und ihre Freunde verließen das Kino und sprachen über ihre Lieblingsszenen. Alle waren sich einig, dass es ein sehr lustiger Nachmittag war, und sie beschlossen, bald wieder ins Kino zu gehen, um einen weiteren Film zu sehen.

Kapitel 22. Das Musikfestival

Alice war super aufgeregt, weil sie zu einem Musikfestival gehen würde. Es war ihr erstes Festival und sie konnte es kaum erwarten, ihre Lieblingsbands zu sehen. Das Festival fand in einem großen Park statt, und Alice kam früh an, um einen guten Platz zu finden.

Das erste Konzert war von einer Rockband, die sie sehr mochte. Alice sang alle Lieder mit und genoss jede Minute. Danach ging sie, um sich eine Popgruppe anzuschauen. Die Musik war fröhlich und Alice tanzte mit ihren Freunden.

Es gab viele andere Aktivitäten auf dem Festival. Alice und ihre Freunde kauften Essen an den Ständen und probierten verschiedene Gerichte aus. Sie besuchten auch die Souvenirläden und Alice kaufte sich ein Festival-T-Shirt.

Am Abend war das Festival voller Lichter und Farben. Das letzte Konzert war das Beste. Die Hauptband spielte alle bekannten Songs und die Menge war total begeistert. Alice fühlte sich sehr glücklich und genoss die Show in vollen Zügen.

Am Ende des Tages war Alice müde, aber sehr zufrieden. Es war eine unglaubliche Erfahrung und sie konnte es kaum erwarten, nächstes Jahr wiederzukommen. Das Musikfestival war ein Tag, den sie immer in guter Erinnerung behalten wird.

Kapitel 23. Eine Fahrradtour

Oskar und sein Papa entschieden sich, eine Fahrradtour durch die Stadt zu machen. Die Sonne schien und die Luft war frisch. Oskar war aufgeregt, die Gegend mit seinem Papa zu erkunden.

"Papa, wohin gehen wir heute?" fragte Oskar begeistert.

"Wir fahren zuerst zum Park und dann machen wir eine Tour am Fluss entlang", antwortete sein Papa mit einem Lächeln.

Sie stiegen auf ihre Fahrräder und begannen ihr Abenteuer. Oskar genoss die Landschaft, während sie zusammen fuhren. Sie sahen hohe Bäume, bunte Blumen und viele glückliche Menschen spazieren gehen.

Plötzlich sah Oskar einen Schotterweg, der interessant aussah. "Papa, können wir dort entlangfahren?" fragte er.

"Klar, mein Junge! Lass uns das erkunden", antwortete sein Papa fröhlich.

Sie änderten die Richtung und nahmen den Schotterweg. Sie entdeckten einen wunderschönen Wald voller singender Vögel und kleiner Bäche. Oskar war begeistert, einen so besonderen Ort gefunden zu haben.

Nach einer Weile kehrten sie zum Hauptweg zurück und setzten ihre Fahrt fort. Oskar war glücklich, Zeit mit seinem Papa zu verbringen und so viele Abenteuer zusammen auf ihrer Fahrradtour erlebt zu haben.

Kapitel 24. Der Kunstunterricht

Greta war aufgeregt, weil sie heute Kunstunterricht hatte. Sie liebte es zu malen und neue Dinge zu erschaffen. Die Lehrerin, Frau Fischer, hatte immer interessante Ideen für sie.

Als Greta das Klassenzimmer betrat, sah sie viele Farben und Pinsel auf den Tischen. Frau Fischer lächelte und sagte: "Heute malen wir eine Landschaft. Denkt an euren Lieblingsort und malt, was ihr seht."

Greta dachte an den Strand, den sie mit ihrer Familie besuchte. Sie nahm ihre Pinsel und begann, das Meer, den Sand und die Palmen zu malen. Sie war sehr konzentriert und glücklich.

Ihre Freundin Leonie, die neben ihr saß, schaute sie an und sagte: "Greta, dein Bild ist sehr schön!"

Greta lächelte und antwortete: "Danke, Leonie. Ich male den Strand, an den ich mit meiner Familie gehe."

Die Stunde verging schnell und alle Schüler schufen wunderschöne Landschaften. Frau Fischer ging zwischen den Tischen umher und bewunderte die Arbeiten von allen.

"Sehr gut, Greta! Mir gefällt dein Bild sehr. Malst du gerne?" fragte die Lehrerin.

"Ja, ich liebe es zu malen," sagte Greta mit einem großen Lächeln.

Am Ende des Unterrichts zeigten alle ihre Bilder. Greta war sehr stolz auf ihr Werk und konnte es kaum erwarten, wieder Kunstunterricht zu haben.

Kapitel 25. Ein Schneetag

David wachte auf und schaute aus dem Fenster. Alles war mit Schnee bedeckt! Er war sehr aufgeregt. Er zog seinen Mantel, Handschuhe, Schal und Mütze an. Dann ging er in den Garten, um zu spielen.

Zuerst machte David Schneebälle. Er warf einige gegen einen Baum und lachte viel. Dann entschied er sich, einen Schneemann zu bauen. Er nahm viel Schnee und begann, eine große Kugel für den Körper zu formen. Danach machte er eine kleinere Kugel für den Kopf.

David suchte Steine, um die Augen des Schneemanns zu machen. Er benutzte auch eine Karotte für die Nase und einen alten Schal für den Hals. Der Schneemann sah sehr schön aus.

Während er arbeitete, kam sein Freund Jan vorbei. "Hallo, David! Kann ich dir beim Schneemannbauen helfen?" fragte Jan.

"Klar, Jan! Lass uns ihn zusammen fertig machen," antwortete David mit einem Lächeln.

Die beiden Freunde machten ein paar Knöpfe für den Mund des Schneemanns. Dann fanden sie zwei Äste für die Arme. Schließlich setzten sie dem Schneemann einen Hut auf den Kopf.

Als die Sonne unterging, gingen David und Jan ins Haus. Davids Mama gab ihnen heißen Kakao, um sich aufzuwärmen. "Danke, Mama," sagte David, glücklich und müde.

Kapitel 26. Das Geschichtsmuseum

Ben besuchte mit seiner Klasse das Geschichtsmuseum. Sie waren sehr aufgeregt, neue Dinge zu lernen. Ihr Lehrer, Herr Weber, führte sie durch das Museum.

Zuerst brachte Herr Weber sie in den Dinosauriersaal. Dort gab es große Dinosaurierskelette. Ben schaute die riesigen Knochen mit Staunen an.

"Diese Dinosaurier lebten vor Millionen von Jahren," erklärte Herr Weber. "Wusstet ihr, dass der Tyrannosaurus Rex einer der größten war?"

Danach gingen sie in den Saal der alten Ägypter. Sie sahen Mumien und Sarkophage. Ben war fasziniert von den Geschichten über die Pharaonen und die Pyramiden.

"Die Pyramiden waren Gräber für die Pharaonen," sagte Herr Weber. "Die Ägypter glaubten an ein Leben nach dem Tod."

Dann besuchten sie den Saal des Mittelalters. Es gab Rüstungen und Schwerter der Ritter. Ben stellte sich vor, ein tapferer Ritter zu sein, der in Schlachten kämpfte.

"Im Mittelalter waren Burgen sehr wichtig," erklärte Herr Weber. "Sie dienten als Festungen und Wohnsitze für die Adligen."

Am Ende der Tour gingen sie in den Saal der modernen Geschichte. Sie sahen Gegenstände aus dem 19. und 20. Jahrhundert, wie alte Autos und Telefone.

Ben lernte viel während seines Besuchs im Museum. Am Ende des Tages war er glücklich und erzählte seinen Eltern alles, was er gesehen und gelernt hatte.

Kapitel 27. Mein Lieblingsfrühstück

Mein Lieblingsfrühstück ist sehr einfach und lecker. Ich bereite mir jeden Morgen ein veganes Frühstück zu. Zuerst nehme ich eine Banane und schneide sie in Scheiben. Dann lege ich die Scheiben in eine Schüssel. Manchmal nehme ich zwei Bananen, wenn ich großen Hunger habe.

Danach füge ich ein paar frische Erdbeeren und Blaubeeren hinzu. Ich liebe Früchte, weil sie sehr gesund sind und gut schmecken. Dann gebe ich etwas Haferflocken über die Früchte. Ich mag Haferflocken, weil sie mich länger satt halten.

Um das Frühstück etwas spezieller zu machen, füge ich einen Löffel Mandelbutter hinzu. Ich mag Mandelbutter sehr, weil sie cremig und lecker ist. Manchmal streue ich auch ein paar Chiasamen darüber.

Zum Schluss gieße ich etwas Mandelmilch darüber. Ich bevorzuge Mandelmilch, weil sie vegan ist und einen milden Geschmack hat. Außerdem gibt sie dem Frühstück eine weiche Textur.

Ich setze mich an den Tisch und genieße mein Frühstück. Es ist sehr nahrhaft und gibt mir viel Energie für den Tag. Dieses Frühstück ist mein Lieblingsfrühstück, weil es einfach zuzubereiten und sehr lecker ist.

Kapitel 28. Ein Tag auf dem Land

Marie wachte früh auf und war sehr aufgeregt. Heute würde sie mit ihrer Familie aufs Land fahren. Sie zog ihre bequemen Klamotten an und packte einen Rucksack mit Wasser und Snacks.

Als sie auf dem Land ankamen, sah Marie viele Tiere. Es gab Kühe, Schafe und Pferde. Marie war glücklich, so viele Tiere zu sehen. Sie ging zu einer Kuh und streichelte sie. "Sie ist so weich!" sagte Marie mit einem großen Lächeln.

Danach gingen Marie und ihre Familie auf einem Pfad durch den Wald spazieren. Die Bäume waren hoch und es gab viele bunte Blumen. Die Luft war frisch und sauber. Marie atmete tief ein und fühlte sich sehr wohl.

Mittags setzten sie sich unter einen großen Baum zum Mittagessen. Sie aßen Snacks und frisches Obst. Während sie aßen, hörten sie das Zwitschern der Vögel. Es war ein sehr schöner Klang.

Nach dem Mittagessen spielte Marie mit ihrem kleinen Bruder. Sie rannten über das Feld und sammelten Blumen. Marie machte einen Blumenkranz und setzte ihn sich auf den Kopf. Sie fühlte sich wie eine Königin des Feldes.

Am Ende des Tages kehrten Marie und ihre Familie nach Hause zurück. Marie war müde, aber sehr glücklich. Sie hatte einen wunderbaren Tag auf dem Land verbracht, umgeben von

Tieren und Natur. "Ich könnte dort leben", dachte Marie, als sie einschlief.

Kapitel 29. Der Zahnarztbesuch

Samuel hatte einen Termin beim Zahnarzt. Er war ein bisschen ängstlich, weil er Schmerzen nicht mochte. Seine Mutter sagte ihm, dass alles gut gehen würde und dass der Zahnarzt sehr nett sei.

Als sie in der Klinik ankamen, setzten sie sich ins Wartezimmer. Samuel sah sich Zeitschriften und einige Spielzeuge an. Er versuchte, sich zu entspannen, indem er mit einem Spielzeugauto spielte.

"Samuel, der Zahnarzt wartet auf dich," sagte die Krankenschwester mit einem Lächeln.

Samuel ging ins Behandlungszimmer. Der Zahnarzt, Dr. Meyer, begrüßte ihn. "Hallo, Samuel. Mach dir keine Sorgen, wir werden deine Zähne schnell überprüfen," sagte Dr. Meyer.

Samuel setzte sich auf den großen Stuhl. Dr. Meyer erklärte ihm alles, was er machen würde. Er überprüfte seine Zähne mit einem kleinen Spiegel und einer Lampe.

"Deine Zähne sind sehr gut, Samuel. Du musst sie nur abends besser putzen," sagte Dr. Meyer.

Samuel war erleichtert. Der Zahnarzt hatte nichts Schmerzhaftes gemacht. "Danke, Herr Doktor," sagte Samuel mit einem Lächeln.

Nach der Untersuchung gab Dr. Meyer Samuel eine neue Zahnbürste und eine kleine Tube Zahnpasta. "Denke daran, deine Zähne zweimal am Tag zu putzen und Zahnseide zu benutzen," riet er ihm.

Samuel und seine Mutter verließen die Klinik. "Der Zahnarztbesuch war gar nicht so schlimm," dachte Samuel. Er war froh, gut auf seine Zähne aufgepasst zu haben.

Kapitel 30. Die Buchmesse

Philipp ging mit seiner Mutter zur Buchmesse. Er war sehr aufgeregt, weil er Bücher liebt. Die Messe fand in einem großen Park statt und es gab viele Buchläden.

"Wir suchen ein paar neue Bücher für dich," sagte seine Mutter mit einem Lächeln.

Zuerst gingen sie in einen Kinderbuchladen. Es gab viele Bücher mit leuchtenden Farben und schönen Zeichnungen. Philipp sah ein Buch über Dinosaurier und nahm es. "Mama, ich möchte dieses Buch haben," sagte er begeistert.

"Natürlich, Philipp. Möchtest du dir auch noch andere Bücher anschauen?" fragte seine Mutter.

Sie gingen weiter über die Messe. Philipp fand ein Abenteuerbuch, das ihm auch sehr gefiel. "Mama, kann ich dieses auch haben?" fragte er.

"Ja, du kannst beide haben," antwortete seine Mutter. "Es ist wichtig zu lesen und neue Dinge zu lernen."

Nach dem Kauf der Bücher setzten sich Philipp und seine Mutter auf eine Bank. Philipp begann, sein neues Dinosaurierbuch zu lesen. Er war sehr glücklich und genoss die Buchmesse sehr.

"Ich liebe die Buchmesse," sagte Philipp. "Ich möchte nächstes Jahr wiederkommen."

Seine Mutter lächelte und sagte: "Natürlich, Philipp. Lesen ist ein großes Abenteuer."

Kapitel 31. Ein Spaziergang durch die Innenstadt

Julian entschied sich, den Nachmittag in der Innenstadt zu verbringen. Er zog seine Jane an und verließ das Haus. Die Sonne schien und das Wetter war schön.

Zuerst spazierte Julian durch die Straßen voller Geschäfte. Er schaute sich die Schaufenster an und sah viele interessante Dinge. Er ging in ein Bekleidungsgeschäft und kaufte ein neues T-Shirt.

Danach besuchte Julian eine Buchhandlung. Er liebt es zu lesen, also verbrachte er viel Zeit damit, nach einem interessanten Buch zu suchen. Schließlich fand er eins über Abenteuer und kaufte es.

Am Ausgang sah Julian seinen Freund. "Hallo, Noah! Was machst du hier?" fragte Julian.

"Hallo, Julian. Ich suche ein Geschenk für meine Schwester. Und du?" antwortete Noah.

"Ich habe gerade ein Abenteuerbuch gekauft," sagte Julian mit einem Lächeln.

Dann ging Julian in ein Café. Er bestellte einen Kaffee und einen Schokoladenkuchen. Er setzte sich in die Nähe des Fensters und genoss seinen Snack, während er die vorbeigehenden Leute beobachtete.

Zum Schluss entschied sich Julian, ein Museum zu besuchen. Es gab eine Ausstellung moderner Kunst. Er ging durch die Säle und bewunderte die Gemälde und Skulpturen.

Am Ende des Tages fühlte sich Julian glücklich und zufrieden. Während er nach Hause ging, dachte er darüber nach, wie schön es gewesen war, Zeit mit dem Erkunden zu verbringen.

Kapitel 32. Ein Tag im Aquarium

Katja und ihre Klassenkameraden beschlossen, auf einem Schulausflug ins Aquarium zu gehen. Sie waren aufgeregt, die Fische und andere Meereslebewesen zu sehen. Als sie im Aquarium ankamen, gingen sie direkt zu den großen Becken, die voller bunter Fische waren.

"Schau mal, wie schön die sind!" rief Katja und zeigte auf die schwimmenden Fische.

Ihre Freunde nickten begeistert und begannen, die verschiedenen Fischarten zu benennen, die sie sahen. Sie verbrachten viel Zeit damit, die Becken zu bewundern und die Bewegungen der Fische zu beobachten.

Nachdem sie die Fische gesehen hatten, gingen sie zu einem Bereich, in dem sie Seesterne und Seeigel anfassen konnten. Katja war überrascht, wie weich einige dieser Kreaturen waren.

"Das ist so unglaublich!" sagte Katja, während sie einen Seestern berührte.

Sie beendeten ihren Besuch mit einer Präsentation über Haie. Katja und ihre Freunde saßen zusammen und hörten aufmerksam zu, als ihnen die verschiedenen Haiarten und ihr Verhalten im Ozean erklärt wurden.

Am Ende des Tages waren Katja und ihre Freunde erschöpft, aber glücklich. Sie hatten einen unglaublichen Tag im Aquarium verbracht, voller spannender Entdeckungen und unvergesslicher Erlebnisse.

Kapitel 33. Die Silvesterparty

Die Silvesterparty stand kurz bevor. Marlene und Andreas waren sehr aufgeregt. Sie hatten ihre Freunde zu sich nach Hause eingeladen, um gemeinsam zu feiern.

"Dieses Jahr wird fantastisch!" sagte Marlene, während sie das Wohnzimmer mit Girlanden und Ballons schmückte. Andreas richtete die Musik und die Lichter ein.

Um zehn Uhr abends fingen ihre Freunde an zu kommen. Nora, Tobias, Susanne und Ella brachten Essen und Getränke mit. "Frohes Neues Jahr im Voraus!" sagte Susanne, während sie Marlene umarmte.

Alle setzten sich an den Tisch und genossen ein leckeres Abendessen. "Das Essen ist köstlich, Marlene," sagte Tobias. Nach dem Abendessen begannen sie zu tanzen und zu lachen.

Es waren nur noch wenige Minuten bis Mitternacht. Alle versammelten sich vor dem Fernseher, um den Countdown zu verfolgen. "Zehn, neun, acht...!" zählten sie laut mit. Um Mitternacht tranken alle ihr Glas Wein und umarmten sich. "Frohes Neues Jahr!" riefen sie. Danach gingen sie in den Garten, um das Feuerwerk zu sehen.

Marlene und Andreas waren sehr glücklich, so einen besonderen Silvesterabend mit ihren Freunden verbracht zu haben. "Das wird ein großartiges Jahr," sagte Andreas, während er Marlene umarmte.

Kapitel 34. Der Musikunterricht

Sarah war sehr aufgeregt wegen ihres Musikunterrichts. Sie liebte es, Instrumente zu lernen. Heute würde ihr Lehrer, Herr Wagner, ihnen beibringen, wie man die Flöte spielt.

"Guten Morgen, Klasse," sagte Herr Wagner. "Heute lernen wir, wie man die Flöte spielt. Jeder nimmt eine Flöte vom Tisch."

Sarah nahm ihre Flöte und setzte sich auf ihren Stuhl. Herr Wagner zeigte ihnen, wie man die Flöte hält und bläst, um einen Ton zu erzeugen.

"Zuerst legen wir die Finger hier und hier hin," erklärte Herr Wagner und zeigte auf die Löcher in der Flöte. "Dann blasen wir sanft."

Sarah versuchte, den Anweisungen zu folgen. Zuerst konnte sie keinen Ton erzeugen, aber Herr Wagner half ihr.

"Versuch es noch einmal, Sarah," sagte Herr Wagner. "Denk daran, sanft zu blasen."

Sarah versuchte es erneut, und diesmal erzeugte sie einen Ton. Sie war sehr glücklich.

"Sehr gut, Sarah!" sagte Herr Wagner. "Jetzt lernen wir ein einfaches Lied."

Herr Wagner spielte ein Lied auf seiner Flöte, und die Schüler imitierten ihn. Sarah übte viel und wurde nach und nach besser. Am Ende des Unterrichts konnten alle Schüler das Lied spielen.

Sarah war sehr stolz auf das, was sie gelernt hatte. "Ich liebe den Musikunterricht," dachte sie, während sie ihre Flöte einpackte.

Kapitel 35. Der Neue Job

Am ersten Tag in seinem neuen Job war Vincent sehr nervös. Er stand früh auf, zog seinen besten Anzug an und bereitete seine Aktentasche vor. Er frühstückte schnell und ging im Kopf noch einmal alles durch, was er mitnehmen musste.

Nachdem er im Büro angekommen war, wurde er von seinem neuen Chef, Herr Hoffmann, empfangen. "Willkommen, Vincent," sagte Herr Hoffmann mit einem freundlichen Lächeln. Vincent fühlte sich ein wenig entspannter.

Am Vormittag lernte Vincent seine Aufgaben kennen und wie er das Firmensystem benutzen sollte. Sandra, eine Kollegin, zeigte ihm, wie man Daten in den Computer eingibt. "Hier musst du deinen Benutzernamen und dein Passwort eingeben," erklärte Sandra. Vincent nickte konzentriert. "Danke, Sandra," sagte er.

Am Nachmittag arbeitete er an seinem ersten Projekt. Anfangs fühlte er sich ein wenig verloren. Sandra bemerkte seine Schwierigkeiten und kam ihm zur Hilfe. "Es ist im Projektordner, hier," sagte sie und zeigte auf den Bildschirm. "Ah, ich verstehe. Nochmals danke," sagte Vincent erleichtert.

Am Ende des Tages kam Herr Hoffmann zu Vincent. "Gute Arbeit, Vincent. Ich bin sicher, du wirst ein großartiges Mitglied des Teams sein," sagte er. Vincent ging müde, aber zufrieden nach Hause, in dem Wissen, dass er sich mit der Zeit in seinem neuen Job wohler fühlen würde.

Kapitel 36. Ein Tag im Fitnessstudio

Alex wachte früh am Morgen auf, fest entschlossen: Er wollte anfangen, auf seine Gesundheit und Fitness zu achten. Heute würde der Tag sein, an dem er dem Fitnessstudio in seiner Nachbarschaft beitreten würde.

Nach einem nahrhaften Frühstück zog er seine Sportkleidung an und machte sich auf den Weg zum Fitnessstudio. Beim Betreten fühlte er sich etwas nervös, aber auch aufgeregt, diesen neuen Lebensabschnitt zu beginnen.

Ein freundlicher Trainer begrüßte ihn und führte ihn durch das Fitnessstudio, zeigte ihm die verschiedenen Geräte und Trainingsmöglichkeiten. Alex fühlte sich anfangs etwas überwältigt, aber der Trainer erklärte ihm, wie man jedes Gerät sicher und effektiv benutzt.

Er beschloss, mit einem leichten Aufwärmen auf dem Laufband zu beginnen. Danach ging er zum Hantelbereich und machte Kraftübungen.

Nach einer Stunde intensivem Training fühlte sich Alex müde, aber zufrieden. Er wusste, dass er einen großen Schritt in Richtung seines Ziels gemacht hatte, fit und gesund zu werden.

Als er das Fitnessstudio verließ, versprach er sich selbst, regelmäßig hinzugehen. Er war gespannt auf die positiven Veränderungen, die seine neue Trainingsroutine mit sich bringen würde.

Kapitel 37. Der Fotografie-Workshop

Carla war schon immer an Fotografie interessiert, also entschied sie sich sofort, sich anzumelden, als sie eine Anzeige für Fotografie-Workshops in ihrer Nachbarschaft sah.

Am ersten Workshoptag war Carla ein bisschen nervös, aber aufgeregt, etwas Neues zu lernen. Mit ihrer Kamera in der Hand kam sie an und wurde von dem Instruktor, der sie mit einem freundlichen Lächeln begrüßte, empfangen.

Während des Kurses lernte Carla die Grundlagen der Fotografie, wie Komposition, Belichtung und Fokus. Sie übten, Fotos an verschiedenen Orten und bei unterschiedlichem Licht zu machen.

Im Laufe des Kurses fühlte sich Carla sicherer und begeisterter über ihre Fortschritte. Sie begann, kreative Bilder aufzunehmen und mit verschiedenen Blickwinkeln und Perspektiven zu experimentieren. Sie stellte fest, dass sie besonders gerne die Natur und kleine Details fotografierte, die oft übersehen wurden.

"Sehr gut, Carla!" rief der Instruktor, als er eines ihrer Fotos sah. "Du hast den Moment auf wunderschöne und natürliche Weise eingefangen."

Carla fühlte sich sehr glücklich und stolz. In diesem Moment wusste sie, dass sie Fotografie liebte und die Welt mit ihrer Kamera erkunden wollte. Sie stellte sich vor, wie sie zu fernen

Orten reist, schöne Fotos macht und verschiedene Kulturen kennenlernt.

Kapitel 38. Der Tanzkurs

Gerd wollte schon immer tanzen lernen, also beschloss er, sich in einem Tanzkurs in seiner Nachbarschaft anzumelden. Am ersten Kurstag war er ein bisschen nervös, aber sehr aufgeregt.

Als er im Tanzstudio ankam, wurde er von der Lehrerin, Frau Schneider, begrüßt. "Hallo, willkommen in unserem Tanzkurs," sagte sie mit einem Lächeln.

Gerd schloss sich den anderen Schülern an und der Kurs begann. Frau Schneider brachte ihnen die Grundschritte des Salsa bei. "Zuerst bewegen wir den rechten Fuß nach vorne, dann den linken Fuß nach hinten," erklärte sie.

Am Anfang fühlte sich Gerd ein wenig unbeholfen, aber mit der Übung begann er, sich sicherer zu fühlen. Die Musik war fröhlich und alle in der Klasse hatten viel Spaß.

"Sehr gut, Gerd!" sagte Frau Schneider. "Du wirst mit jedem Schritt besser."

Nach einer Stunde Übung tanzten Gerd und seine Klassenkameraden zusammen eine kleine Choreographie. Gerd fühlte sich sehr glücklich und stolz auf seine Fortschritte.

Am Ende des Kurses gab Frau Schneider ihnen einige Empfehlungen, wie sie zu Hause weiter üben könnten. Gerd verließ das Studio müde, aber sehr zufrieden und mit viel Lust, weiter tanzen zu lernen.

Kapitel 39. Der Erste Ferientag

Bernd war sehr aufgeregt wegen des Beginns der Sommerferien. Er hatte diesem Tag mit großer Vorfreude entgegengefiebert. Als er früh aufwachte, lächelte er, als er die Sonne durch das Fenster scheinen sah.

Er ging nach unten, um mit seinen Eltern und Geschwistern zu frühstücken. Auf dem Tisch standen Toast, Marmelade und Orangensaft. Bernd aß schnell, weil er so aufgeregt war, den Tag zu beginnen.

"Ich habe viele Pläne für diese Ferien," sagte Bernd, nachdem er sein Frühstück beendet hatte.

Seine Eltern lächelten. "Was hast du heute vor?" fragte seine Mutter.

Bernd antwortete: "Ich möchte in den Park gehen und mit meinen Freunden Fußball spielen. Danach werde ich zur Bibliothek gehen, um ein paar Bücher auszuleihen."

Nach dem Frühstück zog Bernd seine Turnschuhe an und verließ das Haus. Zuerst ging er in den Park, wo er mit seinen Freunden Fußball spielte. Sie rannten und lachten viel.

Dann verabschiedete sich Bernd von seinen Freunden und ging zur Bibliothek. Er liebte es zu lesen und wollte neue Bücher für die Ferien finden. In der Bibliothek fand er mehrere Abenteuerbücher.

Mit einem Rucksack voller Bücher kehrte Bernd nach Hause zurück. Er setzte sich in den Garten und begann zu lesen. Er war sehr glücklich und aufgeregt wegen all der Abenteuer, die ihn in den Ferien erwarteten.

Kapitel 40. Besuch bei den Großeltern

Chase und Matilda waren sehr aufgeregt, weil sie ihre Großeltern besuchen würden. Sie stiegen ins Auto und begannen die Reise. Unterwegs sangen sie Lieder und spielten, wer die meisten roten Autos entdecken konnte.

Als sie bei den Großeltern ankamen, wurden sie mit Umarmungen und Küssen empfangen. "Was für eine Freude, euch zu sehen!" sagte die Oma. "Wir haben euer Lieblingsessen vorbereitet."

Sie gingen ins Haus und setzten sich an den Tisch. Es gab Hühnchen, Reis, Salat und Schokoladenkuchen. Chase und Matilda aßen sehr glücklich.

Nach dem Essen gingen sie in den Garten, um zu spielen. Der Opa zeigte ihnen seinen Garten voller Blumen und Pflanzen. Chase und Matilda halfen, die Pflanzen zu gießen und pflückten einige Blumen.

"Es macht so viel Spaß, hier zu sein," sagte Chase, während er mit dem Hund der Großeltern spielte.

"Ja, ich liebe das Haus der Großeltern," antwortete Matilda.

Sie verbrachten den Nachmittag mit Spielen und Unterhaltungen mit ihren Großeltern. Am Ende des Tages waren sie müde, aber sehr glücklich. "Wir müssen bald wiederkommen!" sagte Chase.

"Natürlich," sagte die Oma. "Ihr seid hier immer willkommen."

Sie verabschiedeten sich von ihren Großeltern und fuhren nach Hause. Chase und Matilda schliefen schnell ein und träumten von ihrem nächsten Besuch bei den Großeltern.

Übungen

Kapitel 1. Ein Tag in der Schule

Beantworte die folgenden Fragen, indem du die richtige Antwort auswählst.

1. Was hatte Emma zum Frühstück?

a) Müsli

b) Toast mit Marmelade und warmer Milch

c) Brot mit Butter

2. Wer bereitete das Frühstück zu?

a) Emma

b) Ihre Schwester

c) Ihre Mutter

3. Was war Emmas erste Unterrichtsstunde?

a) Naturwissenschaften

b) Lesen

c) Mathematik

4. Was machten Emma und ihre Freundinnen in der Pause?

a) Sie spielten Hüpfekästchen und aßen einen Snack

b) Sie spielten Fußball

c) Sie lernten in der Bibliothek

5. Wer wartete nach der Schule auf Emma?

a) Ihr Vater

b) Ihre Mutter

c) Ihre Großmutter

Kapitel 2. Ein Spaziergang im Park

Ergänze die folgenden Sätze mit den fehlenden Wörtern.

1. Olivia und ihre Mutter gingen in den nahegelegenen _____.

a) Park

b) Strand

c) Supermarkt

2. Sie sahen kleine Kinder auf den _____ spielen.

a) Autos

b) Schaukeln

c) Büchern

3. Die Mutter zeigte auf ein _____, das den Stamm einer großen Eiche hinaufkletterte.

a) Schmetterling

b) Eichhörnchen

c) Hund

4. Olivia beobachtete das kleine _____, das sich geschickt bewegte.

a) Blume

b) Kinder

c) Tier

5. Der Duft der Frühlingsblumen erfüllte die frische Luft.

a) Luft

b) Brise

c) Umgebung

Kapitel 3. Einkaufen im Supermarkt

Lies die folgenden Sätze und bestimme, ob sie richtig oder falsch sind.

1. Wilhelm kaufte grüne Äpfel im Supermarkt.

2. Wilhelm entschied sich, Hähnchen und Würstchen aus der Fleischabteilung mitzunehmen.

3. In der Milchprodukteabteilung kaufte Wilhelm Milch, Käse und Erdbeerjoghurt.

4. Wilhelm bezahlte seine Einkäufe in bar.

5. Wilhelm war nach dem Einkauf traurig.

Kapitel 4. Leons Familie

Verbinde die folgenden Satzteile, um sinnvolle Sätze zu bilden.

1. Leon hat eine Familie...

2. Noah ist groß und...

3. Ava ist Lehrerin und...

4. Sophie ist ein Mädchen...

5. Emilia ist Leons Oma und...

a) hat immer ein Lächeln im Gesicht.

b) aber klein und glücklich.

c) hat kurzes, schwarzes Haar.

d) sehr energisch und neugierig.

e) hat immer ein Lächeln im Gesicht.

Kapitel 5. Jonas' Geburtstag

Vervollständige die Sätze mit den angegebenen Wörtern. Wörter: Kuchen, Luftballons, Clown, Freunden, Dekorationen.

1. Jonas freute sich auf seine Geburtstagsfeier mit ___________.

2. Seine Mutter kaufte einen großen Schokoladenkuchen und

viele bunte __________.

3. Die Feier begann mit lustigen Tricks vom __________.

4. Jonas schmückte das Wohnzimmer mit __________ und Schildern.

5. Nach dem Kuchen bedankte sich Jonas für das tolle __________.

Kapitel 6. Ein Tag am Strand

Ordne die folgenden Wörter, um vollständige Sätze zu bilden.

1. Sonne / hell / Strand / am / die / schien

2. die / ins / lachten / Kinder / Wasser / und / rannten

3. eine / bauten / kleine / Sie / Sandburg

4. gab / Oliven / Schinken / es / und / leckere

5. mit / Nachmittag / der / verbracht / wurde / Sonnenbaden

Kapitel 7. Am Bahnhof

Ordne die Sätze in der richtigen chronologischen Reihenfolge.

a) Die Familie läuft zum Bahnsteig, um auf ihren Zug zu warten.

b) Amelie wacht früh auf und zieht bequeme Kleidung an.

c) Amelie und ihr kleiner Bruder Daniel vertreiben sich die

Zeit, indem sie die Waggons zählen.

d) Plötzlich hören sie ein lautes Pfeifen und der Zug beginnt langsam auf den Bahnsteig zuzufahren.

e) Ihr Papa geht zum Schalter, um die Tickets zu kaufen.

Kapitel 8. Mein Haustier

Ergänze die folgenden Sätze mit den richtigen Formen der Verben.

1. Nach der Schule __________ (begrüßen) Fritz mich immer freudig.

2. Fritz __________ (jagen) gerne einen roten Ball durch den ganzen Park.

3. Er __________ (tragen) den roten Plastik-Knochen durchs ganze Haus.

4. Manchmal __________ (verstecken) er ihn sogar unter den Möbeln.

5. Nach dem Spielen __________ (kuscheln) sich Fritz in sein Bettchen und schläft ein.

Kapitel 9. Ein Regentag

Beantworte die folgenden Fragen, indem du die richtige Antwort auswählst.

1. Was für ein Tag ist heute?

a) Sonnig

b) Wolkig

c) Regnerisch

2. Wo hat Mama die Bücher und Spiele hingestellt?

a) Im Wohnzimmer

b) Im Garten

c) In der Garage

3. Was wählt der Erzähler zu tun?

a) Draußen im Regen spielen

b) Ein Märchenbuch lesen

c) Schach mit Hannah spielen

4. Was macht Mama, während die Kinder lesen und spielen?

a) In ihrem Zimmer schlafen

b) Fernsehen

c) Etwas Leckeres in der Küche kochen

5. Wie fühlen sich die Kinder am Ende des Regentages?

a) Gelangweilt

b) Glücklich, zusammen zu sein

c) Traurig, nicht nach draußen gehen zu können

Kapitel 10. Das Abendessen zu Hause

Ergänze die folgenden Sätze mit den fehlenden Wörtern.

1. Elias war aufgeregt, weil er es liebt, in der __________ zu stehen.

a) Küche

b) Wohnzimmer

c) Garten

2. Sie kauften im Supermarkt __________ für den Salat.

a) Äpfel

b) Kartoffeln und Zwiebeln

c) Salat, Tomaten, Karotten und Gurken

3. Papa hat das Hähnchen mit __________, Pfeffer und etwas Zitrone gewürzt.

a) Salz

b) Zucker

c) Mehl

4. Mama hat Reis in einem __________ Topf gekocht.

a) mittelgroßen

b) großen

c) kleinen

5. Elias half beim Servieren des Salats und __________.

a) die Suppe

b) den Reis

c) das Gemüse

Kapitel 11. Besuch im Zoo

Lies die folgenden Sätze und bestimme, ob sie richtig oder falsch sind.

1. Finn and Jakob visited Berlin Zoo one Saturday morning.

2. The first thing they saw were the lions resting under the sun.

3. Jakob said the elephants looked like walking houses.

4. The monkeys behaved as if they were children playing in a park.

5. Finn watched fascinated as the tigers in the aviary.

Kapitel 12. Ein Tag in den Bergen

Verbinde die folgenden Satzteile, um sinnvolle Sätze zu bilden.

1. Luis and his family...

2. Luis packed...

3. Luis picked...

4. They enjoyed the view ...

5. They stayed a while longer...

a) some wildflowers.

b) of the majestic mountains.

c) decided to go hiking.

d) enjoying the scenery.

e) his backpack.

Kapitel 13. Mein Bester Freund

Vervollständige die Sätze mit den angegebenen Wörtern. Wörter: Fußball, Fantasie, unzertrennlich, Abenteuern, Fahrrädern.

1. Alexander und ich sind seitdem __________.

2. Wir lieben es, __________ zu spielen und trainieren oft im Park.

3. Wir erkunden gerne die Nachbarschaft auf der Suche nach __________.

4. Oft fahren wir mit unseren __________ durch den Wald.

5. Wir lassen unserer __________ beim Bauen von Dingen freien Lauf.

Kapitel 14. Die Nachbarschaftsparty

Ordne die folgenden Wörter, um vollständige Sätze zu bilden.

1. Abend / Party / fand / statt / gestern / eine

2. Tanzen / es / Musik / und / Essen / gab

3. spielten / lachten / zusammen / die / Kinder / und

4. eine / und / Felix / sie / Maultasche / genoss / nahm

5. wurde / Essen / die / lauter / nach / dem / Musik

Kapitel 15. Der Arztbesuch

Ordne die Sätze in der richtigen chronologischen Reihenfolge.

a) Doktor Becker hörte Thomas' Brustkorb mit dem Stethoskop

b) Thomas und sein Vater kamen in der Arztpraxis an.

c) Thomas blieb zu Hause und folgte den Anweisungen des Arztes.

d) Thomas' Vater rief in der Arztpraxis an und bekam einen Termin.

e) Der Arzt gab Thomas einen Lutscher, weil er ein guter Patient war.

Kapitel 16. Das Fußballspiel

Ergänze die folgenden Sätze mit den richtigen Formen der Verben.

1. Am Samstag (ankommen) __________ Heinrich als Erster im Park, um das Spielfeld zu markieren.

2. Seine Freunde (kommen) __________ kurz darauf und waren voller Energie.

3. Mit Begeisterung (beginnen) __________ sie das Fußballspiel.

4. Maximilian (passen) __________ den Ball zu Heinrich, der dann ein Tor schoss.

5. Nach dem Spiel (teilen) __________ die Freunde Snacks und Getränke auf dem Rasen.

Kapitel 17. Mein Zimmer

Beantworte die folgenden Fragen, indem du die richtige Antwort auswählst.

1. Welche Farbe haben die Wände im Zimmer?

a) Hellblau

b) Fischer

c) Gelb

2. Wo befindet sich der Schreibtisch?

a) Neben dem Bett

b) Am Fenster

c) Gegenüber vom Kleiderschrank

3. Was steht auf dem Nachttisch?

a) Kleidung und Schuhe

b) Ein Buch und eine Leselampe

c) Spielzeuge und Figuren

4. Wo setzt sich der Erzähler hin, um zu lesen oder Musik zu hören?

a) Auf das Bett

b) In den Kleiderschrank

c) In einen bequemen Sessel in der Ecke

5. Was mag der Erzähler am meisten an seinem Zimmer?

a) Den großen Kleiderschrank

b) Die Regale mit Büchern

c) Das Gefühl der Ruhe, das es ihm gibt

Kapitel 18. Eine Flugreise

Ergänze die folgenden Sätze mit den fehlenden Wörtern.

1. Anna war aufgeregt, aber auch ein wenig _____.

a) nervös

b) glücklich

c) wütend

2. Am Flughafen in Berlin herrschte ein großes Gedränge von Menschen, die _____.

a) aßen

b) spielten

c) kamen und gingen

3. Anna setzte sich ans Fenster und schnallte sich den _____ an.

a) Sicherheitsgurt

b) Gate

c) Pass

4. Unter ihnen sahen die Häuser und Straßen winzig aus wie _____.

a) Autos

b) Spielzeuge

c) Gebäude

5. Anna fühlte sich wie ein _____, der durch den Himmel flog.

a) Flugzeug

b) Vogel

c) Boot

Kapitel 19. Mein Spanischunterricht

Lies die folgenden Sätze und bestimme, ob sie richtig oder falsch sind.

1. Der Name der Spanischlehrerin ist Frau Schäfer.

2. In der Klasse sind zwölf Schüler.

3. Lea ist sehr gut in der Aussprache.

4. Der Unterricht findet dienstags und donnerstags statt.

5. Sie beginnen immer den Unterricht mit einem Spiel auf Spanisch.

Kapitel 20. Die Bibliothek

Verbinde die folgenden Satzteile, um sinnvolle Sätze zu bilden.

1. Johann ging am Samstagmorgen in die Bibliothek...

2. Frau Schmidt hilft ihm immer...

3. Zuerst ging er in...

4. Johann setzte sich hin und...

5. Die Bibliothek ist ein...

a) begann das Piratenbuch zu lesen.

b) die Abenteuerabteilung.

c) magischer Ort für Johann.

d) um gute Bücher zu finden.

e) und findet immer spannende Geschichten.

Kapitel 21. Ein Nachmittag im Kino

Vervollständige die Sätze mit den angegebenen Wörtern.

Wörter: Plätze, Kino, Freunde, Popcorn, Film.

1. Lara und ihre ___________ entschieden sich, ins Kino zu gehen.

2. Sie kauften ___________, Softdrinks und Süßigkeiten.

3. Sie fanden ihre ___________ und setzten sich gemütlich hin.

4. Der ___________ war sehr spannend und hatte viele Action-Szenen.

5. Sie verließen das ___________ und sprachen über ihre Lieblingsszenen.

Kapitel 22. Das Musikfestival

Ordne die folgenden Wörter, um vollständige Sätze zu bilden.

1. Alice / super / wegen / war / Festivals / des / aufgeregt

2. fand / Park / das / in / statt / einem / Festival

3. die / Lieblingslieder / spielte / live / Rockband / ihre

4. ihren / Freunded / Musik / sie / tanzte / zur / mit

5. Beste / das / war / letzte / das / Konzert

Kapitel 23. Eine Fahrradtour

Ordne die Sätze in der richtigen chronologischen Reihenfolge.

a) Sie änderten die Richtung und nahmen den unbekannten Schotterweg gemeinsam.

b) Sie stiegen auf ihre Fahrräder und begannen ihr Abenteuer.

c) Oskar und sein Papa entschieden sich, eine Fahrradtour zu machen.

d) Oskar sah einen Schotterweg, der interessant aussah.

e) Sie entdeckten einen wunderschönen Wald voller singender Vögel und kleiner Bäche.

Kapitel 24. Der Kunstunterricht

Ergänze die folgenden Sätze mit den richtigen Formen der Verben.

1. Frau Fischer (erklären) __________ den Schülern, was sie heute malen werden.

2. Leonie (schauen) __________ zu Greta und bewunderte ihr Bild.

3. Die Schüler (schaffen) __________ alle wunderschöne Landschaften während des Unterrichts.

4. Greta (sein) __________ sehr stolz auf ihr Bild.

5. Am Ende des Unterrichts (zeigen) __________ alle ihre Kunstwerke.

Kapitel 25. Ein Schneetag

Beantworte die folgenden Fragen, indem du die richtige Antwort auswählst.

1. Was machte David zuerst, als er in den Garten ging?

a) Er baute einen Schneemann

b) Er machte Schneebälle

c) Er spielte mit Jan

2. Was benutzte David für die Nase des Schneemanns?

a) Eine Karotte

b) Einen Stein

c) Einen Knopf

3. Wer kam vorbei, während David den Schneemann baute?

a) Seine Mama

b) Sein Bruder

c) Sein Freund Jan

4. Was machten David und Jan mit dem Schneemann?

a) Sie setzten Steine als Augen ein

b) Sie machten Knöpfe für den Mund

c) Sie zogen dem Schneemann einen Schal an

5. Was gab Davids Mama ihnen, als sie ins Haus gingen?

a) Kekse

b) Orangensaft

c) Heißen Kakao

Kapitel 26. Das Geschichtsmuseum

Ergänze die folgenden Sätze mit den fehlenden Wörtern.

1. Ben besuchte mit seiner _____ das Geschichtsmuseum.

a) Familie

b) Klasse

c) Freund

2. Herr Weber brachte sie zuerst in den _____ - Saal.

a) alten Ägyptern

b) Mittelalter

c) Dinosaurier

3. Im Saal der alten Ägypter sahen sie Mumien und _____.

a) Pyramiden

b) Sarkophage

c) Burgen

4. Im Mittelalter dienten Burgen als _____.

a) Festungen

b) Gräber

c) Museen

5. Am Ende der Tour war Ben _____.

a) müde

b) traurig

c) glücklich

Kapitel 27. Mein Lieblingsfrühstück

Lies die folgenden Sätze und bestimme, ob sie richtig oder falsch sind.

1. Das Frühstück des Erzählers ist vegan.

2. Immer wird eine Banane zum Frühstück hinzugefügt.

3. Der Erzähler fügt frische Erdbeeren und Blaubeeren hinzu.

4. Das Frühstück enthält Haferflocken.

5. Zum Frühstück gibt es niemals Chiasamen.

Kapitel 28. Ein Tag auf dem Land

Verbinde die folgenden Satzteile, um sinnvolle Sätze zu bilden.

1. Marie wachte früh auf...

2. Als sie auf dem Land ankamen...

3. Marie und ihre Familie gingen...

4. Mittags setzten sie sich...

5. Marie spielte mit...

a) unter einen großen Baum zum Mittagessen.

b) sah Marie viele Tiere.

c) und war sehr aufgeregt.

d) ihrem kleinen Bruder.

e) auf einem Pfad durch den Wald.

Kapitel 29. Der Zahnarztbesuch

Vervollständige die Sätze mit den angegebenen Wörtern. Wörter: Spielzeuge, Stuhl, Zahnarzt, Zähne, Zahnbürste.

1. Samuel hatte einen Termin beim ____________.

2. Im Wartezimmer sah Samuel einige ____________.

3. Dr. Meyer erklärte alles, während Samuel auf dem großen ____________ saß.

4. Dr. Meyer sagte, dass Samuels ____________ in einem sehr guten Zustand sind.

5. Nach der Untersuchung gab Dr. Meyer Samuel eine neue ____________.

Kapitel 30. Die Buchmesse

Ordne die folgenden Wörter, um vollständige Sätze zu bilden.

1. fand / in / Park / die / statt / Messe / einem

2. sie / Kinderbuchladen / einen / in / gingen

3. Philipp / ein / Dinosaurier / sah / Buch / über

4. lernen / wichtig / ist / zu / es

5. Jahr / möchte / ich / wiederkommen / nächstes

Kapitel 31. Ein Spaziergang durch die Innenstadt

Ordne die Sätze in der richtigen chronologischen Reihenfolge.

a) Julian ging in ein Café.

b) Julian sah seinen Freund Noah.

c) Julian entschied sich, ein Museum zu besuchen.

d) Julian spazierte durch die Straßen voller Geschäfte.

e) Julian besuchte eine Buchhandlung.

Kapitel 32. Ein Tag im Aquarium

Ergänze die folgenden Sätze mit den richtigen Formen der Verben.

1. Katja und ihre Freunde __________ (beschließen), einen Schulausflug ins Aquarium zu machen.

2. Sie __________ (gehen) direkt zu den Becken mit bunten Fischen.

3. Katja __________ (zeigen) auf die Fische und rief begeistert.

4. Die Schüler __________ (verbringen) viel Zeit damit, die Fische zu beobachten.

5. Am Ende __________ (sitzen) sie alle zusammen bei einer Präsentation über Haie.

Kapitel 33. Die Silvesterparty

Beantworte die folgenden Fragen, indem du die richtige Antwort auswählst.

1. Was machten Marlene und Andreas, bevor ihre Freunde ankamen?

a) Sie schliefen.

b) Sie dekorierten und bereiteten die Musik vor.

c) Sie kochten.

2. Wer brachte Essen und Getränke zur Party?

a) Marlene und Andreas

b) Die Nachbarn

c) Nora, Tobias, Susanne und Ella

3. Was machten alle kurz vor Mitternacht?

a) Sie gingen schlafen.

b) Sie schauten den Countdown im Fernsehen.

c) Sie gingen in den Garten.

4. Was machten alle um Mitternacht?

a) Sie aßen Trauben und umarmten sich.

b) Sie gingen nach Hause.

c) Sie schalteten die Lichter an.

5. Wie fühlten sich Marlene und Andreas am Ende der Party?

a) Traurig

b) Müde

c) Sehr glücklich

Kapitel 34. Der Musikunterricht

Ergänze die folgenden Sätze mit den fehlenden Wörtern.

1. Sarah war sehr aufgeregt wegen ihres _____ Unterrichts.

a) Mathematikunterrichts

b) Musikunterrichts

c) Wissenschaftsunterrichts

2. Herr Wagner würde ihnen beibringen, wie man die _____ spielt.

a) Gitarre

b) Trommeln

c) Flöte

3. Herr Wagner zeigte den Schülern, wie man die Flöte _____ soll.

a) hält

b) reinigt

c) malt

4. Sarah versuchte, den _____ von Herrn Wagner zu folgen.

a) Regeln

b) Anweisungen

c) Fragen

5. Am Ende des Unterrichts konnten alle Schüler ein Lied _____ .

a) spielen

b) zeichnen

c) tanzen

Kapitel 35. Der Neue Job

Lies die folgenden Sätze und bestimme, ob sie richtig oder falsch sind.

1. Vincent kam am ersten Tag seiner Arbeit zu spät an.

2. Vincents Chef heißt Herr Hoffmann.

3. Sandra ist eine Kollegin, die Vincent geholfen hat.

4. Am Vormittag arbeitete Vincent an seinem ersten Projekt.

5. Am Ende des Tages ging Vincent glücklich nach Hause.

Kapitel 36. Ein Tag im Fitnessstudio

Verbinde die folgenden Satzteile, um sinnvolle Sätze zu bilden.

1. Alex wachte früh auf...

2. Ein freundlicher Trainer begrüßte ihn...

3. Alex beschloss...

4. Alex ging dann zum Hantelbereich...

5. Alex fühlte sich müde...

a) mit einem leichten Aufwärmen zu beginnen.

b) fest entschlossen.

c) aber zufrieden.

d) und führte ihn durch das Fitnessstudio.

e) und machte Kraftübungen.

Kapitel 37. Der Fotografie-Workshop

Vervollständige die Sätze mit den angegebenen Wörtern. Wörter: Bilder, Fotografie, glücklich, Komposition, nervös.

1. Als Carla die Anzeige für ____________ - Workshops sah, entschied sie sich, sich anzumelden.

2. Am ersten Tag des Workshops war Carla ____________, aber aufgeregt.

3. Carla lernte die Grundlagen der Fotografie wie ____________ und Belichtung.

4. Carla begann, kreative ____________ aufzunehmen und verschiedene Perspektiven auszuprobieren.

5. Carla fühlte sich ____________ und stolz, als sie wusste, dass sie die Fotografie liebte.

Kapitel 38. Der Tanzkurs

Ordne die folgenden Wörter, um vollständige Sätze zu bilden.

1. meldete / Tanzkurs / an / Gerd / sich / einen / für

2. Gerd / freundlich / Frau / begrüßte / Schneider

3. der / begann / den / Grundschritten / mit / Kurs

4. Musik / und / die / fröhlich / motivierend / war

5. Klasse / eine / ganze / Choreographie / die / tanzte / kurze

Kapitel 39. Der Erste Ferientag

Ordne die Sätze in der richtigen chronologischen Reihenfolge.

a) Bernd aß Toast und Marmelade zum Frühstück.

b) Bernd setzte sich in den Garten und begann zu lesen.

c) Bernd spielte Fußball mit seinen Freunden im Park.

d) Bernd ging zur Bibliothek, um ein paar Bücher auszuleihen.

e) Bernd wachte früh auf und lächelte, als er die Sonne sah.

Kapitel 40. Besuch bei den Großeltern

Ergänze die folgenden Sätze mit den richtigen Formen der Verben.

1. Chase und Matilda __________ (sein) aufgeregt, ihre Großeltern zu besuchen.

2. Unterwegs __________ (spielen), wer die meisten roten Autos entdecken konnte.

3. Die Großeltern __________ (haben) ein tolles Mittagessen vorbereitet.

4. Die Kinder __________ (helfen), die Pflanzen zu gießen.

5. Sie __________ (verabschieden) sich am Ende des Tages von ihren Großeltern.

Lösungen

Kapitel 1. Ein Tag in der Schule

1. b) Toast mit Marmelade und warmer Milch

2. c) Ihre Mutter

3. c) Mathematik

4. a) Sie spielten Hüpfekästchen und aßen einen Snack

5. b) Ihre Mutter

Kapitel 2. Ein Spaziergang im Park

1. a) Park

2. b) Schaukeln

3. b) Eichhörnchen

4. c) Tier

5. a) Luft

Kapitel 3. Einkaufen im Supermarkt

1. Falsch (Wilhelm kaufte rote Äpfel.)

2. Richtig

3. Richtig

4. Falsch (Wilhelm bezahlte mit seiner Debitkarte.)

5. Falsch (Wilhelm verließ den Supermarkt zufrieden.)

Kapitel 4. Leons Familie

1. b) Leon hat eine Familie, aber klein und glücklich.

2. c) Noah ist groß und hat kurzes, schwarzes Haar.

3. e) Ava ist Lehrerin und eine ausgezeichnete Köchin.

4. d) Sophie ist ein Mädchen, sehr energisch und neugierig.

5. a) Emilia ist Leons Oma und hat immer ein Lächeln im Gesicht.

Kapitel 5. Jonas' Geburtstag

1. Freunden

2. Luftballons

3. Clown

4. Dekorationen

5. Geschenk

Kapitel 6. Ein Tag am Strand

1. Die Sonne schien hell am Strand.

2. Die Kinder rannten ins Wasser und lachten.

3. Sie bauten eine kleine Sandburg.

4. Es gab leckere Oliven und Schinken.

5. Der Nachmittag wurde mit Sonnenbaden verbracht.

Kapitel 7. Am Bahnhof

1. b) Amelie wacht früh auf und zieht bequeme Kleidung an.

2. e) Ihr Papa geht zum Schalter, um die Tickets zu kaufen.

3. a) Die Familie läuft zum Bahnsteig, um auf ihren Zug zu warten.

4. c) Amelie und ihr kleiner Bruder Daniel vertreiben sich die Zeit, indem sie die Waggons zählen.

5. d) Plötzlich hören sie ein lautes Pfeifen und der Zug beginnt langsam auf den Bahnsteig zuzufahren.

Kapitel 8. Mein Haustier

1. begrüßt

2. jagt

3. trägt

4. versteckt

5. kuschelt

Kapitel 9. Ein Regentag

1. c) Regnerisch

2. a) Im Wohnzimmer

3. b) Ein Märchenbuch lesen

4. c) Etwas Leckeres in der Küche kochen

5. b) Glücklich, zusammen zu sein

Kapitel 10. Das Abendessen zu Hause

1. a) Küche

2. c) Salat, Tomaten, Karotten und Gurken

3. a) Salz

4. b) großen

5. b) den Reis

Kapitel 11. Besuch im Zoo

1. Falsch (Finn and Jakob visited Berlin Zoo one Sunday morning.)

2. Richtig

3. Richtig

4. Richtig

5. Falsch (Finn watched fascinated as the parrots in the aviary.)

Kapitel 12. Ein Tag in den Bergen

1. c) Luis and his family decided to go hiking.

2. e) Luis packed his backpack.

3. a) Luis picked some wildflowers.

4. b) They enjoyed the view of the majestic mountains.

5. d) They stayed a while longer enjoying the scenery.

Kapitel 13. Mein Bester Freund

1. unzertrennlich

2. Fußball

3. Abenteuern

4. Fahrrädern

5. Fantasie

Kapitel 14. Die Nachbarschaftsparty

1. Gestern Abend fand eine Party statt.

2. Es gab Musik, Essen und Tanzen.

3. Die Kinder spielten und lachten zusammen.

4. Felix nahm eine Maultasche und genoss sie.

5. Nach dem Essen wurde die Musik lauter.

Kapitel 15. Der Arztbesuch

1. d) Thomas' Vater rief in der Arztpraxis an und bekam einen Termin.

2. b) Thomas und sein Vater kamen in der Arztpraxis an.

3. a) Doktor Becker hörte Thomas' Brustkorb mit dem Stethoskop.

4. e) Der Arzt gab Thomas einen Lutscher, weil er ein guter Patient war.

5. c) Thomas blieb zu Hause und folgte den Anweisungen des Arztes.

Kapitel 16. Das Fußballspiel

1. kam

2. kamen

3. begannen

4. passte

5. teilten

Kapitel 17. Mein Zimmer

1. a) Hellblau

2. b) Am Fenster

3. b) Ein Buch und eine Leselampe

4. c) In einen bequemen Sessel in der Ecke

5. c) Das Gefühl der Ruhe, das es ihm gibt

Kapitel 18. Eine Flugreise

1. a) nervös

2. c) kamen und gingen

3. a) Sicherheitsgurt

4. b) Spielzeuge

5. b) Vogel

Kapitel 19. Mein Spanischunterricht

1. Falsch (Der Name der Spanischlehrerin ist Frau Müller.)

2. Falsch (In der Klasse sind zehn Schüler.)

3. Richtig

4. Falsch (Der Unterricht findet dienstags und donnerstags statt.)

5. Richtig

Kapitel 20. Die Bibliothek

1. e) Johann ging am Samstagmorgen in die Bibliothek und findet immer spannende Geschichten.

2. d) Frau Schmidt hilft ihm immer, um gute Bücher zu finden.

3. b) Zuerst ging er in die Abenteuerabteilung.

4. a) Johann setzte sich hin und begann das Piratenbuch zu lesen.

5. c) Die Bibliothek ist ein magischer Ort für Johann.

Kapitel 21. Ein Nachmittag im Kino

1. Freunde

2. Popcorn

3. Plätze

4. Film

5. Kino

Kapitel 22. Das Musikfestival

1. Alice war super aufgeregt wegen des Festivals.

2. Das Festival fand in einem Park statt.

3. Die Rockband spielte ihre Lieblingslieder live.

4. Sie tanzte mit ihren Freunden zur Musik.

5. Das letzte Konzert war das Beste.

Kapitel 23. Eine Fahrradtour

1. c) Oskar und sein Papa entschieden sich, eine Fahrradtour zu machen.

2. b) Sie stiegen auf ihre Fahrräder und begannen ihr Abenteuer.

3. d) Oskar sah einen Schotterweg, der interessant aussah.

4. a) Sie änderten die Richtung und nahmen den unbekannten Schotterweg gemeinsam.

5. e) Sie entdeckten einen wunderschönen Wald voller singender Vögel und kleiner Bäche.

Kapitel 24. Der Kunstunterricht

1. erklärte

2. schaute

3. schufen

4. war

5. zeigten

Kapitel 25. Ein Schneetag

1. b) Er machte Schneebälle

2. a) Eine Karotte

3. c) Sein Freund Jan

4. b) Sie machten Knöpfe für den Mund

5. c) Heißen Kakao

Kapitel 26. Das Geschichtsmuseum

1. b) Klasse

2. c) Dinosaurier

3. b) Sarkophage

4. a) Festungen

5. c) glücklich

Kapitel 27. Mein Lieblingsfrühstück

1. Richtig

2. Falsch (Manchmal werden zwei Bananen verwendet.)

3. Richtig

4. Richtig

5. Falsch (Manchmal werden Chiasamen oben draufgestreut.)

Kapitel 28. Ein Tag auf dem Land

1. c) Marie wachte früh auf und war sehr aufgeregt.

2. b) Als sie auf dem Land ankamen, sah Marie viele Tiere.

3. e) Marie und ihre Familie gingen auf einem Pfad durch den Wald.

4. a) Mittags setzten sie sich unter einen großen Baum zum Mittagessen.

5. d) Marie spielte mit ihrem kleinen Bruder.

Kapitel 29. Der Zahnarztbesuch

1. Zahnarzt

2. Spielzeuge

3. Stuhl

4. Zähne

5. Zahnbürste

Kapitel 30. Die Buchmesse

1. Die Messe fand in einem Park statt.

2. Gingen sie in einen Kinderbuchladen.

3. Philipp sah ein Buch über Dinosaurier.

4. Es ist wichtig zu lernen.

5. Ich möchte nächstes Jahr wiederkommen.

Kapitel 31. Ein Spaziergang durch die Innenstadt

1. d) Julian spazierte durch die Straßen voller Geschäfte.

2. e) Julian besuchte eine Buchhandlung.

3. b) Julian sah seinen Freund Noah.

4. a) Julian ging in ein Café.

5. c) Julian entschied sich, ein Museum zu besuchen.

Kapitel 32. Ein Tag im Aquarium

1. beschlossen

2. gingen

3. zeigte

4. verbrachten

5. saßen

Kapitel 33. Die Silvesterparty

1. b) Sie dekorierten und bereiteten die Musik vor.

2. c) Nora, Tobias, Susanne und Ella

3. b) Sie schauten den Countdown im Fernsehen.

4. a) Sie aßen Trauben und umarmten sich.

5. c) Sehr glücklich

Kapitel 34. La Clase de Música

1. b) Musikunterrichts

2. c) Flöte

3. a) hält

4. b) Anweisungen

5. a) spielen

Kapitel 35. Der Neue Job

1. Falsch (Vincent kam am ersten Tag seiner Arbeit früh an.)

2. Richtig

3. Richtig

4. Falsch (Am Nachmittag arbeitete Vincent an seinem ersten Projekt.)

5. Richtig

Kapitel 36. Ein Tag im Fitnessstudio

1. b) Alex wachte früh auf, fest entschlossen.

2. d) Ein freundlicher Trainer begrüßte ihn und führte ihn durch das Fitnessstudio.

3. a) Alex beschloss, mit einem leichten Aufwärmen zu beginnen.

4. e) Alex ging dann zum Hantelbereich und machte Kraftübungen.

5. c) Alex fühlte sich müde, aber zufrieden.

Kapitel 37. Der Fotografie-Workshop

1. Fotografie

2. nervös

3. Komposition

4. Bilder

5. glücklich

Kapitel 38. Der Tanzkurs

1. Gerd meldete sich für einen Tanzkurs an.

2. Frau Schneider begrüßte Gerd freundlich.

3. Der Kurs begann mit den Grundschritten.

4. Die Musik war fröhlich und motivierend.

5. Die ganze Klasse tanzte eine kurze Choreographie.

Kapitel 39. Der Erste Ferientag

1. e) Bernd wachte früh auf und lächelte, als er die Sonne sah.

2. a) Bernd aß Toast und Marmelade zum Frühstück.

3. c) Bernd spielte Fußball mit seinen Freunden im Park.

4. d) Bernd ging zur Bibliothek, um ein paar Bücher auszuleihen.

5. b) Bernd setzte sich in den Garten und begann zu lesen.

Kapitel 40. Besuch bei den Großeltern

1. waren

2. spielten

3. hatten

4. halfen

5. verabschiedeten

www.ingramcontent.com/pod-product-compliance
Lightning Source LLC
LaVergne TN
LVHW010608160826
845677LV00013B/3310